PROJET

DE

DÉCLARATION DES DROITS

DE L'HOMME ET DU CITOYEN,

SUIVI

D'UN PLAN DE CONSTITUTION

JUSTE, SAGE ET LIBRE.

Vitam impendere vero.

Par l'Auteur de L'OFFRANDE A LA PATRIE.

A PARIS,

Chez BUISSON, Libraire, rue Hautefeuille,
Hôtel de Coetlofquet, N°. 20.

1789.

PRÉFACE.

CETTE légère esquisse d'une bonne Constitution auroit vu le jour depuis trois semaines, sans les craintes pusillanimes qu'ont inspirées aux Imprimeurs, les nouveaux réglemens de Police, & sans les longueurs éternelles de l'impression.

L'Auteur ne s'est déterminé à la publier qu'après un mûr examen du travail du Comité de Rédaction, où il a vainement cherché les vues d'une saine politique, les principes d'une sage administration, & où les droits du Peuple lui ont paru souvent négligés, quelquefois sacrifiés, & même violés (1).

Il s'empresse de rendre son ouvrage public, afin de prévenir, s'il se peut, la perte de tems qu'entraîneroit encore la fausse marche que suit l'Assemblée Nationale, en se livrant à la discussion de petits points (2) de législation, au lieu de

---

(1) Les dispositions alarmantes du Comité de Rédaction le deviennent davantage encore, depuis que quelques Publicistes soudoyés ont inséré, dans le Courier de l'Europe, *l'article d'un Voyageur sur la nouvelle Constitution de la France*, & prêché *la nécessité de rendre au pouvoir exécutif son autorité.*

(2) Elle a perdu quinze jours à discuter les concessions du Clergé & de la Noblesse, qui ne sont presque toutes que de simples conséquences de quelques Loix fondamentales; & aujourd'hui, elle s'occupe à régler quelques articles du code criminel, tels que la proportion des délits & des peines, le mode de juger, & la liberté religieuse.

s'occuper uniquement à poſer les grandes baſes du Gouvernement, à établir les Loix fondamentales de l'Etat.

En développant les droits de l'homme & du Citoyen, il n'a pas craint de dévoiler de grandes vérités, que l'on s'eſt étudié à diſſimuler ; précaution indigne d'un Comité qui a lui-même provoqué le concours des lumières, & qui a invoqué les Loix de la Nature ; précautions inutiles, & qui ne ſerviront qu'à faire ſuſpecter les vues du Légiſlateur, en retardant l'époque de la félicité publique.

Les eſprits ont pris l'eſſor : en vain voudroit-on les arrêter au milieu de la carrière ; ils la parcourront en entier, & ils arriveront à ces vérités ſacrées que l'on s'efforce de cacher. Long-tems étouffées par la tyrannie, défigurées par les ſophiſtes ſoudoyés, & méconnues des Peuples ; elles perceront enfin : la Nature les grava au fond de tous les cœurs, & une ſeule voix élevée au milieu de la multitude ſuffit pour les faire triompher. Puiſſent nos foibles efforts engager le Légiſlateur à les conſidérer dans ſa ſageſſe, & à prévenir les commotions terribles que cauſeroit à l'Etat, l'oubli de la juſtice que la Société doit à ſes Membres malheureux.

PROJET

DE

DÉCLARATION DES DROITS

DE L'HOMME ET DU CITOYEN,

Suivi d'un Plan de Constitution juste, sage & libre;

Rendons hommage à la vérité. Les États-Généraux renferment dans leur sein des hommes du premier mérite : on y compte des Prélats éminens par leur sagesse, leur onction, leur piété ; des Curés distingués par leurs lumières, leurs vertus, leur patriotisme ; des Gentilshommes plus illustrés encore par leurs vues, leur génie, leur énergie, que par leur naissance ; des Jurisconsultes célèbres par leur savoir, leur esprit, leurs talens ; des Orateurs qui brillent dans tous les genres, & qui auroient illustré la Grèce. Mais on y compte peu d'hommes d'État, peu d'hommes assez versés dans l'étude de la haute politique, pour déterminer la meilleure organisation d'une Monarchie, pour sentir le juste degré de puissance que l'on peut, sans danger, confier au Prince, régler la distribution

A

des différens pouvoirs de l'Empire, & donner au Gouvernement une marche réglée, également éloignée des écueils du despotisme & de l'anarchie. Défions - nous de l'aveugle confiance de l'impéritie, des sophismes de l'amour - propre. La politique est une science comme une autre; elle a des principes, des loix, des règles, des combinaisons variées à l'infini; elle demande une étude suivie, des réflexions profondes, de longues méditations. Mais nous ne faisons que de naître à la liberté : depuis dix mois nous nous sommes instruits au jour la journée; à peine avons-nous réfléchi quelques momens sur les droits de l'homme & du Citoyen, sur les droits des Peuples & les devoirs de leurs Ministres, sur l'organisation du Corps politique, le balancement des pouvoirs, les rapports réciproques du Souverain & des sujets, &c.

Si Montesquieu (1) & Rousseau étoient en-

---

(1) Montesquieu ? Oui, Montesquieu, le plus grand homme qu'ait produit le siècle, & qui ait illustré la France. Je ne parlerai ni de son génie, ni de ses vertus : qui peut les méconnoître ? Mais son amour pour l'humanité dont il fut toujours le vengeur; mais sa haine contre le despotisme qu'il chercha toujours à enchaîner,

core parmi nous, ce que la Nation pourroit faire de mieux, seroit de les prier à genoux de

---

mais son respect pour les loix, son zèle pour le bien public, son dévouement à la Patrie, méritoient d'être mieux connus. Des esprits superficiels & légers lui reprochent d'avoir favorisé l'aristocratie. Peut-être a-t-il été un peu trop l'admirateur de ce caractère guerrier que montra si long-tems la Noblesse Chevaleresque ; mais quel homme au monde sut mieux aprécier le vulgaire des Nobles, quel homme au monde eut plus de mépris pour les courtisans ? Faut-il qu'une prévention outrée nous rende injustes & ingrats ? Quelles obligations ne lui avons-nous point ! Le premier parmi nous, il osa désarmer la superstition, arracher le poignard au fanatisme, réclamer les droits de l'homme, attaquer la tyrannie. Eh ! dans quel tems ? Dans un tems où personne en France n'osoit élever la voix contre un Ministre, dans un tems où les François étoient esclaves par principes.

On lui reproche d'avoir favorisé les prétentions ambitieuses des Parlemens. Il les connoissoit, sans doute, mieux que personne ; mais il savoit que les maux que le despotisme fait à l'humanité sont infinis, & que toute digue est bonne pour arrêter un torrent débordé. Depuis long-tems les Etats-Généraux étoient relégués dans le pays des chimères, le Gouvernement étoit absolu, & dans cet état des choses, il ne vit que les Cours de Justice, la Noblesse & le Clergé à opposer aux écarts de l'autorité absolue.

La Couronne ayant usurpé tous les pouvoirs, exerçoit

lui donner une Conſtitution ; & cette Conſtitution ſeroit tout ce que le génie, la ſageſſe, la
vertu pourroient faire de plus parfait.

ſans contrôle les fonctions de légiſlateur qu'elle recla-
moit en toute occaſion, comme la première de ſes
prérogatives ; des Ecrivains ſoudoyés, les gens du Roi &
toutes les créatures du Monarque, avoient travaillé à
l'envi à répandre cette funeſte doctrine ; le Peuple avoit
eu la ſottiſe de la recevoir ; & les eſprits en étoient ſi
infatués lorſque Monteſquieu prit la plume, qu'il eût été
impoſſible de conteſter au Prince le pouvoir légiſlatif,
ſans compromettre ſon propre repos, ſa liberté & ſa
vie. Que fit ce grand homme ? Ne pouvant arracher ce
pouvoir au Monarque, il voulut lui donner un frein ; &
afin que chaque caprice du deſpote ne parvînt pas à faire
taire toutes les loix, il ſentit qu'il falloit en mettre le
dépôt ſous la garde d'un Corps qui eut la confiance
publique : or quoi de plus naturel que de le confier au
Corps chargé de les faire exécuter ?

Enfin, on reproche à Monteſquieu d'avoir quelquefois
manqué d'énergie, & on l'oppoſe à Rouſſeau. Quelle
différence entre ces deux hommes célèbres ! Rouſſeau
n'a pas craint de ſoulever contre lui l'autorité, j'en con-
viens : mais il n'avoit rien à perdre à la perſécution, il
portoit par-tout avec lui ſon génie, ſa célébrité ; & ſa gloire
ne pouvoit qu'y gagner. Mais Monteſquieu avoit une
grande fortune en fonds de terre, il tenoit à une famille notable, il avoit femme & enfans : que de liens !
Et toutefois il ne craignit pas d'attaquer l'autorité arbi-

Je suis loin d'oser me comparer à ces grands hommes ; mais je ne suis pas absolument neuf sur ces matières, & je puis répondre de la droiture de mes vues, de la pureté de mon cœur. J'ai long-tems attendu qu'une plume plus habile que la mienne se chargeât de ce travail important. Trop justement allarmé de celui que le Comité de rédaction (1) a commencé de faire paroître, pressé par les circonstances, & ne consultant que mon zèle pour la Patrie, j'ai mis la main à l'œuvre. Puisse le nouvel hommage que je lui fais de mes foibles lumières, contribuer à son repos & à son bonheur.

Toute association politique doit avoir pour but d'assurer les droits de ses membres. Pour les

---

traire, les vices du Gouvernement, les prodigalités du Prince. Une Lettre-de-cachet lancée contre lui ne l'intimida point, & plutôt que de démentir ses principes, il se préparoit à fuir dans une terre étrangère, lorsqu'un Ministre clairvoyant épargnât cette honte à la France.

(1) Voyez une Feuille intitulée le *Moniteur Patriote*, dont l'Auteur a le premier relevé plusieurs dispositions allarmantes du Comité, entr'autres le privilége odieux accordé au Roi de vendre ses sujets comme des moutons.

A 3

affurer, il faut les connoître ; connoiffance qui ne peut s'acquérir qu'en méditant fur les rapports mutuels des hommes confidérés entr'eux, & fur leurs rapports avec les autres êtres du globe qu'ils habitent.

Droits de l'homme.

Chaque homme apporte au monde en naiffant, des befoins, la faculté d'y pourvoir, celle de fe reproduire, le defir conftant d'être heureux, & un amour fans bornes pour lui-même : fentiment impérieux, auquel eft attachée la confervation du genre humain ; mais fource féconde des querelles, des combats, des violences, des outrages, des meurtres, en un mot, de tous les défordres qui paroiffent troubler l'ordre de la Nature (1), & qui troublent, en effet, l'ordre de la Société.

Des feuls befoins de l'homme dérivent tous fes droits. Les premiers font toujours fenfibles ; il n'en eft pas de même des derniers : pour les

---

(1) Quelqu'attentat que l'homme commette, quelqu'outrage qu'il faffe à fes femblables, il ne trouble pas plus l'ordre de la Nature, qu'un loup ne le bouleverfe, quand il égorge un mouton.

trouver, il faut les chercher, recherche fi diffi-
cile, que les efprits les mieux cultivés arrivent
rarement aux mêmes réfultats. Effayons cepen-
dant de les développer.

L'homme reçut avec la vie le penchant irré-
fiftible de la conferver, de la défendre, de la
rendre agréable ; il a donc le droit de tout entreprendre pour fa défenfe, & de s'approprier
tout ce qui eft néceffaire à fa nourriture, à fon
entretien, à fa fûreté, à fon bonheur.

Dès que l'homme peut pourvoir à fes befoins,
il fe trouve chargé par la Nature du foin de fa
confervation & de fon bien-être ; il a donc le
droit de faire librement ufage de toutes fes facultés : ainfi maître abfolu de toutes fes actions,
il jouit d'une liberté illimitée.

Tant que la Nature offre abondamment aux
hommes de quoi fe nourrir, fe vêtir ; tout va
bien, la paix peut règner fur la terre. Mais
quand l'un d'eux manque de tout, il a droit
d'arracher à un autre le fuperflu dont il regorge.
Que dis-je ? il a droit de lui arracher le néceffaire, & plutôt que de périr de faim, il a droit
de l'égorger & de dévorer fes chairs palpitantes.
Tirons le rideau fur cette horrible image, fai-
fons taire un moment la voix du préjugé, &
qu'on nous dife ce qu'on pourroit oppofer à ces

A 4

conféquences, dont le principe eft inconteſta-
ble.

Pour conferver fes jours, l'homme eft en droit
d'attenter à la propriété, à la liberté, à la vie
même de fes femblables. Pour fe fouftraire à
l'oppreffion, il eft en droit d'opprimer, d'enchaîner, de maffacrer. Pour affurer fon bonheur, il eft en droit de tout entreprendre ; &
quelque outrage qu'il faffe aux autres, en rapportant tout à lui, il ne fait que céder à un
penchant irréfiſtible, implanté dans fon ame par
l'Auteur de fon être.

Là fe bornent les droits naturels (1) de l'homme, droits inconteftables, mais égaux pour tous
les individus, quelque différence que la Nature
ait établie entr'eux, dans la mefure de leurs facultés.

_____

(1) L'homme a le droit de fe reproduire ; mais peut-
il l'exercer contre le gré de fa compagne ? Je ne le penfe
pas. Dans l'état de Société, où l'imagination ajoute au
pouvoir des fens, un fexe fait fouvent violence à l'autre :
mais dans l'état de nature, la chofe n'eft pas poffible ;
un doux penchant porte les fexes à s'unir, & chez les
animaux mêmes les plus féroces, le mâle cherche toujours à gagner fa femelle.

Etabliſſement des Sociétés.

L'amour de préférence que chaque individu a'
pour lui-même, le porte à immoler à ſon bonheur
l'univers entier : mais les droits de l'homme
étant illimités, & chaque homme ayant les mêmes droits, celui qu'ont tous les individus pour
attaquer, ils l'ont tous pour ſe défendre ; du libre
exercice de leurs droits réſulte donc néceſſaire-
ment un état de guerre, & les maux ſans nombre
qui l'accompagnent, violence, vengeance, oppreſſion, trahiſon, combats, meurtres, carnage. Ce
ſont ces maux redoutables auxquels les hommes
ont voulu ſe ſouſtraire, lorſqu'ils ſe ſont réunis
en corps. Pour y parvenir, il a donc fallu que
chaque membre de l'aſſociation s'engageât à ne
plus nuire aux autres, qu'il remît à la ſociété ſes
vengeances perſonnelles, le ſoin de le défendre &
de le protéger ; qu'il renonçât à la poſſeſſion commune des productions de la terre, pour en poſ-
ſéder une partie en propre, & qu'il ſacrifiât une
partie des avantages attachés à l'indépendance
naturelle pour jouir des avantages qu'offroit la
ſociété.

Nous voici arrivés au pacte ſocial.

Il eſt conſtant, par les témoignages de l'Hiſtoire que, dans tous les fiècles, des hommes libres ont formé des affociations, pour piller, maffacrer & affervir d'autres hommes : telles étoient celles des Romains, des Gaulois, des Germains, des Francs, des Scythes, des Normands, des Saxons, des Huns, & de tous ces brigands qui dévaftèrent autrefois le monde.

Il n'eft pas moins conftant, par les témoignages de l'Hiftoire, que, dans tous les fiècles, la tyrannie a pouffé les peuples à fe foulever, & que la crainte d'une jufte vengeance a fouvent porté les oppreffeurs à traiter avec les opprimés. Telle fut, dans la plupart des infurrections, la capitulation faite entre le Gouvernement & le Peuple.

Enfin il eft conftant, par les témoignages de l'Hiftoire, que quelques Peuples ayant réuffi à fecouer le joug, les membres de l'Etat fe font réunis pour établir un Gouvernement qui affurât leur liberté, leur fortune, leur repos, leur bonheur. Telle a été l'union des Suiffes, des Bataves, des Anglois, des Anglo-Américains, &c.

Quelles que foient les circonftances qui ont amené le pacte focial, s'il eft libre, le feul motif qui ait pu déterminer les membres de l'affociation à le former, eft leur avantage : s'il eft jufte, le feul motif qui les ait déterminés, eft leur avantage commun.

Ainfi le but légitime de toute affociation politique eft le bonheur de fes membres. Mais comme chacun pourroit porter fes prétentions trop loin, c'eft à la fociété (1) de régler leurs droits refpectifs.

Ces droits dérivent de ceux de la nature. Les droits de la nature étant illimités, & autorifant chaque individu à facrifier les intérêts des autres à fes propres intérêts ; il eft indifpenfable que tous les membres de l'affociation s'interdifent réciproquement tout ce qui pourroit la diffoudre, tout acte de violence, de malignité, d'oppreffion ; tout acte de vengeance perfonnelle, tout moyen de nuire. Il eft indifpenfable qu'ils foumettent leurs différends à la décifion des loix ; en un mot, qu'ils renoncent à leurs droits naturels, pour jouir de leurs droits civils.

Droits du Citoyen.

Les droits civils de chaque individu ne font,

---

(1) Les Membres de l'affociation pris individuellement, fe nomment *Citoyens* ; pris collectivement, ils fe nomment *Société Civile*, *Peuple ou Nation.*

au vrai, que ſes droits naturels, contrebalancés par ceux des autres individus, & limités au point où ils commenceroient à les bleſſer. Limités de la ſorte, ils ceſſent d'être dangereux à la ſociété, & ils doivent être chers à tous ſes membres dont ils aſſurent le repos. Delà réſulte l'obligation que chacun s'impoſe de reſpecter les droits d'au-trui, pour s'aſſurer la paiſible jouiſſance des ſiens : c'eſt donc par le pacte ſocial que les droits de la nature prennent un caractère ſacré.

Les hommes ayant reçu les mêmes droits de la nature, doivent conſerver des droits égaux dans l'état ſocial. Les droits civils comprennent la ſû-reté perſonnelle, qui emporte un ſentiment de ſécurité contre toute oppreſſion, la liberté indi-viduelle qui renferme le juſte exercice de toutes les facultés phyſiques & morales, la propriété des biens qui comprend la paiſible jouiſſance de ce qu'on poſsède.

Dans une ſociété ſagement ordonnée, les mem-bres de l'Etat doivent, à raiſon des mêmes droits qu'ils tiennent de la nature, jouir à-peu-près des mêmes avantages. Je dis à-peu-près, car il ne faut point prétendre à une égalité rigoureuſe qui ne ſauroit exiſter dans la ſociété, & qui n'eſt pas même dans la nature : le ciel ayant départi aux différens individus des degrés différens de

fenfibilité, d'intelligence, d'imagination, d'induftrie, d'activité & de force ; conféquemment
des moyens inégaux de travailler à leur bonheur, &
d'acquérir les biens qui les procurent Mais il ne doit
fe trouver d'inégalité dans les fortunes que celle
qui réfulte de l'inégalité des facultés naturelles, du
meilleur emploi du tems, ou du concours de quelques circonftances favorables. La loi doit même
prévenir leur trop grande inégalité, en fixant des
limites qu'elles ne puiffent franchir. Et, de fait,
fans une certaine proportion entre les fortunes,
les avantages que celui qui n'a aucune propriété
retire du pacte focial, fe réduifent prefqu'à rien.
Il a beau avoir du mérite, il eft comme impoffible qu'il acquierre des richeffes ; & s'il manque de foupleffe, d'intrigue, d'aftuce, il ne fera
que végéter. Ainfi, tandis que le riche, objet de
la confidération, des égards, de la faveur, jouit
de toutes les douceurs de la vie ; tandis qu'il n'a
qu'à demander pour obtenir, & commander pour
être obéi ; le pauvre ne fent fon exiftence que par
fes privations, fes fatigues, fes fouffrances. Pour
lui font réfervés les durs travaux ; pour lui font
réfervés les métiers vils, dégoûtans, mal-fains,
dangereux : pour lui font réfervés la peine, la fer-
vitude, les dédains. La liberté même qui nous
confole de tant de maux, n'eft rien pour lui :

trop borné pour faire ombrage , il méconnoît le bonheur d'être à couvert des coups d'autorité ; & quelque révolution qui arrive dans l'Etat, il ne fent point diminuer fa dépendance , toujours cloué, comme il l'eft , à un travail accablant. Enfin s'il lui revient quelque chofe d'une meilleure adminiftration , c'eft de payer un peu moins cher le pain noir dont il fe nourrit.

Dans un Etat où les fortunes font le fruit du travail, de l'induftrie, des talens & du génie, mais où la loi n'a rien fait pour les borner, la fociété doit à ceux de fes membres qui n'ont aucune propriété, & dont le travail fuffit à peine à leurs befoins, une fubfiftance affurée, de quoi fe nourrir, fe vêtir & fe loger convenablement ; de quoi fe foigner dans leurs maladies, dans leur vieilleffe, & de quoi élever leurs enfans. C'eft le prix du facrifice qu'ils lui ont fait de leurs droits communs aux productions de la terre , & de l'engagement qu'ils ont pris de refpecter les propriétés de leurs concitoyens. Mais fi elle doit ces fecours à tout homme qui refpecte l'ordre établi , & qui cherche à fe rendre utile ; elle n'en doit aucun au fainéant qui refufe de travailler.

Dans une fociété où les fortunes font très-inégales, & où les plus grandes fortunes font prefque toutes le fruit de l'intrigue, du charlatanifme, de la faveur, des malverſations, des vexations, des rapines ; ceux qui regorgent de ſuperflu doivent ſubvenir aux beſoins de ceux qui manquent du néceſſaire.

Dans une ſociété où certains privilégiés jouiſſent dans l'oiſiveté, le faſte & les plaiſirs, des biens du pauvre, de la veuve & de l'orphelin ; la juſtice & la ſageſſe exigent également, qu'au moins une partie de ces biens aille enfin à leur deſtination, par un partage judicieux entre les citoyens qui manquent de tout (1) : car l'honnête citoyen que la ſociété abandonne à ſa miſère & à ſon déſeſpoir, rentre dans l'état de nature, & a droit de revendiquer à main armée des avantages qu'il n'a pu aliéner que pour s'en procurer de plus grands : toute autorité qui s'y oppoſe eſt tyrannique, & le Juge qui le condamne à la mort n'eſt qu'un lâche aſſaſſin.

Enfin tout citoyen a droit à la plus exacte diſpenſation de la Juſtice, & au meilleur des Gouvernemens.

---

(1) Quand ce partage ne ſeroit pas impérieuſement preſcrit par l'équité, il le ſeroit par la raiſon, comme le ſeul moyen de retirer des déſordres de la miſère une multitude innombrable de malheureux, & de les rendre des membres utiles de la Société, qu'ils s'occuperont bientôt à bouleverſer.

De la Constitution.

C'est ici le lieu de tracer le plan d'une (1) Constitution juste, sage & libre ; & l'on conçoit bien qu'elle doit être déduite de la nature des choses.

Nulle société ne se forme que par le consentement de ses membres, & ne subsiste qu'au moyen de certaine organisation. Organisée d'une manière quelconque, elle se nomme *Corps politique* ; *Etat* lorsqu'on y joint l'idée du pays qu'elle occupe.

———————————————

(1) *Constitution*, mot que l'on répéte de toutes parts, & dont si peu de personnes ont une juste idée. Qu'est-ce que la Constitution d'un Etat ? L'ensemble des loix fondamentales qui fixent les droits des Citoyens, règlent la distribution des différens pouvoirs, & déterminent l'organisation du Corps politique. La définition de M. de la Crepiere, qui paroît adoptée par l'Assemblée Nationale, borne la Constitution aux droits du Peuple, considéré comme législateur. Mais il n'est point de Constitution, sans la détermination des limites, & le balancement des différens pouvoirs qui organisent le Corps politique. Cela est si vrai, que la prétendue Constitution libre, dont il a voulu donner l'idée, n'empêcheroit pas que la Nation ne fût mise sous le joug par son Chef, & livrée aux coups du plus affreux despotisme.

Le

Du Corps Politique.

Le Corps politique ne peut exister fans le pouvoir de faire des Loix, le pouvoir de les faire exécuter, le pouvoir de veiller à fa sûreté & de pourvoir à fa défenfe, fans des forces déterminées, & fans un revenu fuffifant pour fubvenir aux dépenfes publiques: mais il n'eft bien organifé qu'autant qu'il l'eft de manière à affurer les droits de fes membres, à fe maintenir libre, & à fe défendre contre les entreprifes de l'ennemi.

Le Corps politique peut avoir différentes formes de Gouvernement : mais celle qu'on lui donne doit toujours être relative à l'étendue de l'Etat.

Dans un grand Etat, la multiplicité des affaires exige l'expédition la plus prompte, le foin de fa propre défenfe exige auffi la plus grande célérité dans l'exécution des ordres ; la forme du Gouvernement doit donc être Monarchique. C'eft la feule qui convienne à la France. Elle l'a reçue du concours fortuit des événemens ; mais l'étendue du Royaume, fa pofition, & la multiplicité de fes rapports la néceffitent ; & il faudroit s'y tenir par tant de raifons puiffantes, lors même que le caractère de fes peuples permettroit un autre choix.

B

Bornons-nous donc ici à donner l'idée d'une Monarchie bien conftituée.

Pris collectivement, les membres de l'Etat font le vrai *Souverain* : pris individuellement, ils en font *les Sujets*.

Du Souverain.

Le Souverain eft indépendant de toute puiffance humaine, & il jouit d'une liberté fans bornes, en vertu de la liberté illimitée que chacun de fes membres tient de la Nature.

Formé de la réunion de fes membres, il ne peut exercer la Souveraineté que par la réunion de leurs volontés, que par leurs fuffrages : les actes d'autorité qui émanent de lui fe nomment *Loix*, & l'autorité qu'il déploie s'appelle *puiffance légiflative*. La Nation eft donc le vrai légiflateur de l'Etat.

Pour conferver fa Souveraineté, elle doit conferver fon indépendance. Ainfi la convocation de fes affemblées, le temps & le mode de les convoquer, leur durée & leur police; la manière d'y propofer une queftion, d'opiner, de ftatuer, & celle de faire les loix, de les fanctioner, & de les promulguer, doivent dépendre d'elle abfolument. Confier à d'autres le foin de régler un feul

de ces articles, feroit leur remettre le pouvoir
de l'enchaîner & de l'anéantir (1). L'indépendance abfolue de la Nation doit donc faire la
première loi fondamentale de l'Etat. Tant que
les loix paffent à l'unanimité des fuffrages, l'autorité du Souverain n'a point de bornes ; car il
eft alors dans le cas de chacun de fes membres
ifolés, qui font libres de faire tout ce qu'ils
veulent.

Lorfque les loix paffent à la majorité des fuffrages, les feules barrières devant lefquelles
s'arrête l'autorité fuprême, font les droits du Citoyen quelle ne doit jamais bleffer ; par cela
même que les feules limites données à la liberté
de l'homme en fociété, font la défenfe de nuire
aux autres. Ainfi les droits des Citoyens font plus
facrés encore que les loix fondamentales de
l'Etat.

Comme le Souverain eft compofé de tous les
membres de l'Etat, il eft le maître abfolu de
l'Empire : à lui feul appartient effentiellement
l'autorité fuprême, & de lui feul émanent tous

_____

(1) Pour anéantir le Souverain, il fuffit d'empêcher
le Peuple de fe montrer en corps, & les Citoyens de
fe raffembler.

les pouvoirs, tous les privilèges, toutes les prérogatives.

Dans un petit Etat où les membres du Souverain font raffemblés dans les mêmes murs, le
concours de tous à toutes chofes feroit toujours
extrêmement incommode, quelquefois impoffible,
& fouvent dangereux : combien d'occafions où
il convient que les plus fages ftatuent feuls ? car
les affaires publiques ne font guères à la portée
du commun des hommes. Dailleurs le peuple fe
laiffant aller trop aifément aux difcours féditieux
des Orateurs qui cherchent à le tromper pour
leur intêrét, l'Etat feroit agité de factions, &
le Gouvernement flotteroit continuellement fans
pouvoir jamais fe fixer : femblable à un vaiffeau
fans ancre fur une mer orageufe continuellement
battue par des vents contraires.

Si le concours de tous à toutes chofes eft quelquefois impoffible lorfque l'Etat fe trouve ren-
fermé dans les mêmes murs : il l'eft toujours lorfque l'Etat comprend une feule Province, à plus
forte raifon lors qu'il a beaucoup d'étendue. Il faut
donc alorfque le Peuple agiffe par fes repréfentans, & qu'il régle par fes chefs, fes Miniftres, fes Officiers, les affaires qu'il ne peut régler
par lui-même.

Pour choifir fes mandataires, il faut que le
Peuple s'affemble : trop nombreux pour s'affembler dans un même-lieu, il doit s'affembler par
Diftricts, dont chacun ne doit comprendre que
les Citoyens domiciliés.

Tout Citoyen étant membre du Souverain
doit avoir droit de fuffrage, & la naiffance
feule doit donner ce droit : mais les femmes &
les enfans ne doivent prendre aucune part aux
affaires, parce qu'ils font repréfentés par les
chefs de famille. Pour concourir à la chofe publique, il faut que l'homme jouiffe de toute fa
raifon : ainfi les jeunes gens qui n'ont pas atteint
l'âge où elle eft ordinairement développée ; les
imbéciles, les foux, & les vieillards ramenés à
l'enfance ne doivent point avoir droit de fuffrage.

Dans toute affociation politique, pour qu'il
n'y ait point d'oppreffion; il faut que fes membres s'accordent au moins dans la réfolution dé-
tablir un Gouvernement jufte & fage ; & pour
que les affaires puiffent marcher, il faut qu'ils
arrêtent unanimement que tous les points à régler feront décidés à la majorité des voix.

Les fuffrages doivent être publics : il importe
que la multitude foit éclairée par les fages, qu'elle
connoiffe & les objets fur lefquels elle doit pro-

noncer, & les perfonnes de confiance auxquelles elle doit remettre fes pouvoirs.

Toutes les loix qui établiffent & qui réglent le droit de fuffrage dans les élections & les arrêtés nationaux, doivent donc être fondamentales.

Des Mandataires du Souverain.

Le Peuple ne peut avoir d'autres Repréfentans, d'autres chefs, d'autres Miniftres, d'autres Officiers que ceux qu'il fe donne (1). Elus par lui, ils n'ont le privilège, ni de remplacer ceux qui manquent dans leurs corps, ni de fe fuppléer euxmêmes. Le pouvoir qu'il leur a confié, n'eft qu'une fimple commiffion à terme, & les droits qu'il leur accorde, ne font que de fimples prérogatives. Prérogatives qu'il ne peut jamais tranfmettre fans réferve, encore moins aliéner, lorfqu'elles ont pour objet quelque branche de l'autorité publique : par

---

(1) Quoi qu'on en dife, le Peuple eft très en état de faire un bon choix de ceux à qui il doit confier quelque partie de fa puiffance ; car il ne fe décide que fur des faits. Qu'on jette les yeux fur cette fuite de grands hommes que les Athéniens & les Romains appelèrent au timon des affaires, dans les beaux tems de la République, & l'on fera convaincu de cette vérité.

cela même que le peuple ne peut jamais s'abandonner aveuglément à ses mandataires ; par cela même qu'il ne put jamais se proposer d'autre but que le bien de l'Etat ; par cela même que l'exercice de toute autorité doit tendre au bien commun ; par cela même que la génération qui les accorde, ne peut pas disposer des droits des générations futures.

Lorsque le peuple déclare la couronne héréditaire dans une famille de citoyens, il ne renonce pas au droit de disposer du sceptre ; il ne fait que désigner d'avance ceux qui viendront à le porter : réglement que des circonstances impérieuses ont quelquefois rendu nécessaires, & qu'il est de la sagesse de ne pas révoquer, tant que ces circonstances peuvent revenir.

A l'égard des Représentans du peuple, dépositaires du souverain pouvoir, leur commission loin d'être héréditaire, doit toujours être d'assez courte durée, lors même que leur corps deviendroit permanent.

Quant aux Magistrats & autres Officiers, dépositaires d'un pouvoir borné, leur commission doit être à vie, à moins qu'ils n'ayent démérité au point de le faire révoquer : car tant qu'il n'y a aucun inconvénient à prolonger une commission, il faut s'épargner la peine de la renouvel-

ler , & ne pas fe priver fans néceffité des lumières
que donne l'expérience.

Comme les Mandataires du Peuple doivent
avoir fa confiance , & que tout Citoyen a droit
de fervir la Patrie , quand il a les lumières &
les vertus requifes ; ils doivent être tirés indiftinctement de tous les ordres de Citoyens : à
égalité de lumières & de vertus , ils doivent être
tirés de la claffe des citoyens les plus riches, leur
fortune devenant alors un garant de plus de leur
fidélité.

Ainfi le droit du peuple d'élire fes Mandataires, la manière de les élire , & la durée de leur
commiffion , doit être l'objet d'une loi fondamentale du Royaume.

Diftribution des différens pouvoirs du Corps politique.

Déterminer avec exactitude les limites de ces
différens pouvoirs eft le point le plus important
du travail du Légiflateur. De ce point dépend
la liberté publique. Eft - il manqué ? Pour
la détruire, le Prince n'a autre chofe à faire que
de tourner contr'elle les défauts mêmes de la
Conftitution , & d'empiéter peu-à-peu fur les
différentes branches de l'autorité , jufqu'à ce qu'il
foit parvenu à les réunir toutes dans fes mains.

Du pouvoir législatif.

Si le peuple en corps est le véritable souverain , c'est à lui que tout doit être subordonné.

Quand il ne peut exercer par lui-même la souveraine puissance , il l'exerce par ses Représentans.

Elle consiste en deux choses distinctes , mais
inséparables ; faire les loix & les maintenir : il
faut donc qu'il y ait dans l'Etat un *Sénat National* , dépositaire du pouvoir législatif , centre
d'autorité d'où tout dérive , & où tout aboutisse.

La souveraine puissance absolue & illimitée
ne peut jamais résider que dans le corps du peuple , parce qu'elle est le résultat de la volonté
générale , & que le peuple pris collectivement ne
peut jamais vouloir son mal , se vendre ou se trahir.
Quant à ses Représentans , leur autorité doit toujours être limitée ; autrement , maîtres absolus
de l'empire , ils pourroient , à leur gré , enlever
les droits des citoyens , attaquer les loix fondamentales de l'Etat , renverser la Constitution
& réduire le peuple en servitude (1).

_____

(1) C'est de ce vice de Constitution dont profita
Pierre Gradenigo à son avénement au Dogat , pour chan-

C'eſt donc un vice énorme de conſtitution de
laiſſer aux Repréſentans du peuple un pouvoir il-
limité : la loi qui le limite doit donc être fondamentale. On voit par-là ce qu'il faut penſer de la
queſtion ſi long temps agitée ſur les pouvoirs im-
pératifs. La Nation a droit d'en donner de pa-
reils à ſes Députés, aſſurément : mais, après avoir
une fois pour toutes, mis l'enceinte ſacrée des
loix hors de leurs atteintes, il eſt à propos qu'elle
n'en donne que ſur les points eſſentiels à la félicité publique : ſur tout le reſte, elle doit s'en
rapporter à la ſageſſe de ſes Députés : à plus forte
raiſon ne doit-elle jamais les enchaîner ſur la manière de faire le bien. De-là il ſuit que la Conſtitution une fois achevée, les réglemens généraux,
émanés du Sénat National, doivent d'abord avoir
force de loi pendant un certain temps, & ne devenir de véritables loix qu'après avoir reçu la ſanc-
tion du Peuple. Or, le tems qu'ils ſeront obli-
gatoires avant de l'avoir reçue, & la manière
dont elle leur ſera donnée, doit être une loi
fondamentale de l'Etat.

---

ger la forme du Gouvernement de Veniſe, enlever au
Peuple toute ſon autorité, & la faire paſſer entre les
mains de ceux qui compoſoient alors le grand Conſeil.
Contarini Hiſt. Ven., Liv. 7.

L'autorité des Représentans du Peuple bien circonscrite, rien ne doit gêner leur activité : ainsi la police de leur corps doit dépendre absolument d'eux, de même que la manière de proposer, de faire, & de promulguer les loix.

Il importe que le Peuple puisse se reposer sur la loyauté de ses représentans : il doit donc avoir soin de s'assurer de leur vertu. Pour réussir, le grand art est de fermer leurs cœurs à l'amour de l'or, des emplois, des dignités, & de l'ouvrir à l'amour de la gloire. Que tout Citoyen qui aura l'honneur de siéger dans l'Assemblée Nationale, soit donc déclaré inhabile à posséder aucun emploi dépendant du Prince, à recevoir de la Cour aucune marque de distinction, & sur-tout à entrer dans le Ministère (1), que dix ans après avoir rempli sa mission de Député.

Enfin, pour parer aux voies secrettes de corruption, il importe que les Commettans fassent

---

(1) S'il importe d'avoir des hommes vertueux dans le Conseil du Prince, il importe encore plus d'en avoir dans le Conseil de la Nation. Mais quoi qu'on en dise, la vertu la plus pure ne respire pas impunément l'air infect de la Cour. Et que penser de ces ambitieux qui n'ont épousé la cause publique que pour se faire rechercher du Prince, & qui n'affichent l'amour de la Patrie, que pour l'immoler à leurs passions dans le Cabinet !

ufage du droit qu'ils ont de révoquer (1) les pouvoirs d'un député qui abandonneroit continuellement les intérêts de la Patrie, & de pourfuivre la punition du Député qui lui auroit manqué de foi.

Du pouvoir exécutif.

Il ne fuffit pas qu'il y ait dans l'Etat un corps qui faffe les loix : il faut auffi qu'il y ait un corps chargé de les faire exécuter, & un corps chargé de veiller à la fûreté de l'Empire, de pourvoir à fa défenfe. De ces trois corps, le premier eft la tête, les derniers font les bras de la fociété politique.

Les pouvoirs dont ils font dépofitaires, ne doivent jamais être réunis dans les mêmes mains ; car à l'inftant où l'un d'eux viendroit à les réunir, maître d'appuyer fes volontés par la force des armes, il pourroit faire des loix tyranniques pour

___

(1) Qui voudroit s'expofer à fervir la Patrie, fi on couroit le rifque d'être deftitué ? L'homme droit & ferme qui ne fait pas une fpéculation de l'honneur de fervir l'Etat : l'homme intègre, qui compte fur fa vertu ; le fage fans ambition, qui ne craint pas l'indigence, le grand homme fait pour aller à l'immortalité, qui met fa gloire à confacrer fes talens, fes veilles, fon repos au bonheur de fes Concitoyens.

les faire exécuter tyranniquement, & bientôt toute
liberté feroit anéantie. C'eft ce qui eft arrivé à
Rome, à Venife, en Angleterre, en Efpagne, en
France, & dans la plupart des Gouvernemens de
la Terre.

Les Peuples qui ont fecoué le joug, ont tous
fenti les dangers de ce vice de conftitution ; mais
aucun n'a fu s'y fouftraire. Dans le Gouvernement
même le plus vanté pour fa fageffe, on n'y a
remédié qu'imparfaitement. On a diftingué la
puiffance fuprême en légiflative & en exécutive :
la première a été confiée aux repréfentans du Peuple,
la dernière au Gouvernement. Mais loin d'avoir
exclu le Prince du corps légiflatif, on l'en a laiffé
l'arbitre par l'influence prodigieufe que la Couronne a fur l'Election des Membres de la chambre
des Communes, & fur les fuffrages de la chambre
des Pairs. Or, quoi de plus mal vu que de faire
dépendre les bonnes loix de celui qui a tant d'intérêts qu'elles ne paffent point. Il y a plus ; le
Parlement ne peut point s'affembler qu'il ne foit
convoqué par le Roi : dès-lors les Repréfentans
du Souverain, enchaînés par fon Miniftre, ne
peuvent agir que lorfqu'il lui plaît, ni parler
que quand il les interroge. S'il veut feulement ne
pas les convoquer, ils font anéantis. On fait trop
quels orages ces prérogatives de la Couronne,

ont excité en Angleterre, & quels orages elles peuvent y exciter encore pour ne pas les proscrire parmi nous. Et qu'on ne dise pas « que la » puissance royale a besoin de se défendre contre » la puissance législative » : le Prince n'a droit de se défendre que par ses vertus. Qu'a-t-il à redouter lorsqu'il remplit dignement ses devoirs ? On a vu l'empire mis à l'encan par une vile soldatesque, soudoyée pour faire triompher des despotes ; on a vu des tyrans précipités du trône par leurs peuples révoltés : mais vit-on jamais des Citoyens se soulever contre l'autorité qu'ils ont établie, tant qu'elle s'applique à faire leur bonheur ?

Aujourd'hui que la Nation connoît ses droits, qu'elle veut en jouir ; qu'elle demande à ses Représentans la Constitution la plus parfaite, & que rien ne peut plus s'opposer à ses vœux, pas même les menées secrettes des ennemis masqués de la patrie ; la sanction royale ne doit pas être regardée comme une formalité nécessaire, à la consécration des loix : mais comme un acte de loyauté du Prince, par laquel il souscrit solemnellement à des loix qu'il ne doit jamais violer.

Le Roi, de l'avis de son Conseil, pourra rendre, pour chaque département de l'Administration, des Ordonnances relatives au service, ou au bien du Royaume. Ces Ordonnances rapporteront dans leur préambule les loix de l'Etat qui les juftifient , & elles auront force de loi jufqu'à ce que le Légiflateur en ait ordonné autrement.

Vices des Monarchies actuelles.

Dans la plupart des Monarchies dégénérées de l'Europe; le Prince , chef des Confeils, du Miniftere, des Tribunaux, l'eft encore de l'armée : & il tient dans fes mains tous les refforts de l'autorité.

Tant que le Corps chargé de l'exécution des loix, les fait exécuter; la liberté fe maintient : ainfi jamais elle ne reçoit d'atteinte, que quand le dépofitaire de la force publique en abufe pour fon propre intérêt ; & jamais elle ne périt, que quand il tourne contre elle les armes qui lui furent confiées pour la défendre.

Les maux que font les Princes, font la fuite de l'imprévoyance du Souverain. On attend d'eux des lumières, des talens, de la modération, du défintéreffement, des vertus : confiance aveugle ! hommes comme leurs Concitoyens, on ne doit en attendre que des paffions. Ne leur demandez pas de faire le bien, mettez-les dans l'heureufe impuiffance de faire le mal.

Séparer & limiter les différens pouvoirs , eft

en politique le chef-d'œuvre de la fagefse.

La puiffance exécutive fe divife en deux branches très-diftinctes : l'une a pour objet le droit
des gens, l'autre a pour objet le droit civil ; il
importe à la liberté publique de toujours les fé-
parer ; celle-ci doit être commife à des Magiftrats,
celle-là doit être laiffée au Prince : car lorfqu'elles
font réunies, le Monarque ufurpe tôt ou tard la
Souveraineté, & finit par devenir abfolu. Dépofitaire de l'autorité, armé de la force publique
& arbitre des loix ; bientôt il s'en fait une arme
deffenfive & offenfive qui le rend redoutable &
facré à ceux qu'il veut opprimer ; il enléve les
droits des Citoyens, & attaque la Conftitution
en feignant de la défendre. Dès-lors rien ne l'arrête ; il ne laiffe à perfonne les moyens de s'oppofer à fes entreprifes, il effraye ceux qui reclam-
ment, il punit ceux qui réfiftent : il vexe, foule,
opprime, tirannife ; & s'il employe encore pour
cela des prétextes, c'eft plus par politique,
que par néceffité. Malheur terrible ! dont l'hiftoire de toutes les Nations offre tant d'exemples
allarmans (1).

_____

(1) C'eft ce qu'on vit à Rome après la deftruction de
la République. Quelques Empereurs eurent la fureur de
juger, & jamais régne n'étonna l'Univers par autant d'in-

Du

Du Gouvernement.

Le corps chargé de la puissance exécutive qui a pour objet le droit des gens, se nomme *Gouvernement* : il comprend le Prince, ses Conseillers, ses Ministres, ses officiers.

L'exercice de cette puissance consiste à veiller à la sûreté de l'Etat contre les ennemis du dehors, à diriger ce qui concerne la guerre & la paix, à faire des traités, à protéger le Commerce, à envoyer & recevoir des Ambassadeurs, & à régler les affaires qui y sont relatives, en rapportant tout au bien public, sans jamais porter atteinte aux loix fondamentales du Royaume.

Chef des Conseils, du Ministère & de l'armée, le Roi a le choix de ses Conseillers, de ses Ministres & de ses Officiers; nul doute : mais ce choix doit toujours tomber sur des sujets capables, jamais sur des sujets ineptes, suspects ou odieux à la Nation : il ne doit donc être fait qu'après avoir consulté la voix publique. Mettre en question, si le Prince en est le maître absolu,

---

justices & d'atrocités; ils vendoient les jugemens & les loix; tout accusé étoit à la discrétion des créatures de ces Princes, & servoit à l'insatiable avarice de leurs favoris, de leurs courtisannes, de leurs valets.

C

c'eft oublier que leurs fonctions intéreffent la fûreté & la félicité publique, dont le Souverain
eft le juge fuprême ; c'eft oublier que tout pouvoir dérive du Souverain, c'eft rendre l'autorité
du Gouvernement indépendante, arbitraire. Loin
que le Prince foit en droit de maintenir contre
le vœu de la Nation le choix de fes Miniftres,
il ne l'eft pas même de maintenir contr'elle la
poffeffion de fa Couronne. Mais comme les opé-
rations militaires, les entreprifes & les négocia-
tions politiques ont befoin pour réuffir du fe-
cret le plus profond, les Miniftres doivent avoir
carte blanche pour les former & les conduire au
fuccès : feulement ils en rendront compte, lorfqu'elles feront confommées, & chaque Miniftre
fera refponfable fur fa tête des entreprifes qu'il
aura faites contre les loix.

Un abus de l'autorité contre lequel on ne
fauroit prendre trop de précautions, c'eft l'emploi
arbitraire de l'armée. Peuples ! tremblez en con-
fiant le dangereux dépôt de la force publique ;
arme meurtrière remife entre des mains enne-
mies, elle fera tôt ou tard plongée dans vôtre
fein, fi vous n'ôtez à celui qui en difpofe, jufqu'à la tentation de la tourner contre vous.

Pour empêcher qu'on n'abufe de cette arme

terrible, il faut commencer par en diriger l'emploi : ainſi il eſt indiſpenſable que l'armée prête ſerment de fidélité à la Nation avant de le prêter au Prince, qu'elle jure de ne jamais obéir à aucun ordre de porter les armes contr'elle, que toutes les Troupes ayent le titre de Nationales, que les Officiers qui violeroient leur ſerment ſoient déclarés traîtres à la Patrie, leurs biens confiſqués, leurs perſonnes ſaiſies; & s'ils s'échappoient, que la Nation avoue le citoyen courageux qui leur donneroit la mort.

Cela ne ſuffit point encore. La loi du ſerment a peu d'empire ſur l'eſprit du ſoldat, combien la mépriſent en quittant leurs drapeaux! Et que pourroit elle contre la voix d'un Prince ambitieux, vaillant & aimé des troupes, contre un Prince qui ſe meteroit à leur tête en marchant à l'ennemi, qui prodigueroit les dons, qui profiteroit de l'ivreſſe de la victoire pour les mèner contre ſon peuple, qui leur promettroit les dépouilles des riches Citoyens, & qui les animeroit au combat par tous les moyens que l'adreſſe

_____

(1) Pour faciliter cette opération, il faut que l'Aſſemblée Nationale autoriſe les Municipalités de chaque Ville à faire prêter ſerment aux Troupes qui y ſont en garniſon.

& l'ambition peuvent fuggèrer. Si les Romains, à qui la Patrie étoit fi chère, paſſérent le Rubicon, au mépris de la voix du devoir & du fang, au mépris des mortels & des Dieux, au mépris des Enfers; croyez vous que dans un fiècle avili, où l'on ne croit plus ni à l'honneur ni à la vertu, une armée de mercenaires échauffés par la boiſſon & l'appât du butin, refuſât de le paſſer?

Que faire pour n'avoir rien à craindre de l'armée? La réduire, & arrêter le pouvoir par la crainte du pouvoir. Il eſt donc indiſpenſable de former une Milice Nationale très-nombreuſe, & même d'armer chaque Citoyen non ſuſpect. Il eſt indiſpenſable auſſi que les grands Villes du Royaume ayent de l'artillerie, un train de guerre & des munitions aux ordres des municipalités. Enfin il eſt indiſpenſable que la Milice Bourgeoiſe s'exerce au maniement des armes, & qu'elle nomme ſes Officiers. Sans cela, tout ce qu'on feroit pour aſſurer la liberté publique ne feroit que jeux d'enfans; & la Conſtitution, quelque parfaite qu'elle fût d'ailleurs, ne feroit qu'un château de cartes, que le moindre ſouffle renverſeroit. Ouvrez les annales de la Monarchie; vous y verrez qu'à l'inſtant même où nos Rois ont eu à leurs ordres une armée de ſtipendiaires, ils ont commencé à devenir deſpotes. Depuis Char-

les VII jufqu'à Louis XVI, le defpotifme Militaire
a été marqué par mille fcènes fanglantes. Que
dis-je? Apeine y a-t-il un mois que nous avons
été à la veille d'en être les victimes. Quelle ma-
tière à réflexion!

Quant aux émeutes, extrêmement rares en tous
pays lorfquelles ne font pas excitées par l'injuftice
& les menées du Gouvernement, fi jamais le
fecours des troupes réglées étoit jugé néceffaire
pour les appaifer dans quelque partie du Royaume,
les foldats n'obéiront qu'au commandement des
Magiftrats Municipaux, qui feuls doivent être
chargés de veiller au maintien de la tranquilité.

C'eft toujours du Gouvernement que viennent
les atteintes portées à la liberté publique; il importe
donc d'être toujours en garde contre fes entreprifes,
& de lui ôter les prétextes d'abufer de fa puiffance.
On peut tous les lui ôter, à un feul près que four-
nit par fois le foin de veiller à la fureté de l'E-
tat. Lors donc que l'Etat eft en danger, que
des traîtres machinent contre la Patrie, fi le
Prince fe permet quelque coup d'autorité pour
éviter les longueurs qu'entraîneroit le recours
aux Tribunaux, il fera tenu de remettre au bout
d'un terme prefcrit les prifonniers à une Cour
de Juftice, pour faire leur procès fuivant les
loix.

Nos Rois ont le privilège glorieux de marcher à la tête de l'armée contre les ennemis de
l'Etat, & bien peu s'en montrèrent jaloux. Mais
une prétention odieuse qu'ils affichèrent en toute
occasion, est de se donner pour les arbitres su-
prêmes du Royaume, maîtres absolus de le dé-
membrer, de disposer des Provinces, de trafiquer
des Villes & de vendre leurs Concitoyens comme
des moutons : prétention révoltante, établie par
les suppôts du despotisme & les créatures de la
Cour, défendue par des sophistes soudoyés, sanc-
tifiée par des prêtres insensés, & confirmée par
quelques-uns de nos réprésentans. De nos réprésentans ? Juste ciel ! Seroit-il donc possible que
les membres du Comité de Rédaction igno-
rent que le Prince ne doit être que l'administra-
teur d'un département de l'Etat ; que les droits
des Citoyens sont cent fois plus sacrés que ceux
de la Couronne ; qu'il ne peut jamais être licite
au Roi de disposer de la personne, du sort ou
de la propriété du moindre des sujets ? Au demeurant si on lui permet de disposer de quelque
partie de territoire nud, que ce soit toujours sous
le consentement du Souverain, après avoir in-
demnisé les propriétaires, & seulement pour donner des barrières plus fortes à l'Empire.

Les Rois ne seront majeurs qu'à vingt-cinq ans

Pendant leur minorité, l'autorité Royale fera exercée par un Régent. Il en fera de même en cas de démence.

Le Régent fera nommé par l'Affemblée Nationale. Elle le choifira parmi les héritiers du Trône, s'ils fe font montrés dignes de la confiance du Peuple.

La Garde du Roi fera déférée à fes proches les plus intéreffés à la confervation de fes jours.

Chaque réglement relatif à la féparation des pouvoirs, aux limites de l'autorité du Gouvernement, au maintien de la force des Citoyens, à la difpofition de l'armée, & à la punition des traîtres à la Patrie, doit donc devenir loi fondamentale du Royaume.

Du pouvoir Judiciaire.

Il ne pourra jamais être exercé que par des Tribunaux inftitués par les repréfentans de la Nation : & la juftice s'y rendra au nom feul du Souverain.

Le pouvoir Judiciaire impofe deux éfpecès de fonctions très-différentes; connoître de la violation des loix qui maintiennent la fûreté & la tranquilité publiques, ou juger les coupables; connoître de l'infraction des loix qui réglent les affaires

particulières des Citoyens, ou juger leurs différends.

La différence de ces fonctions exige qu'on les
commiette à divers Tribunaux, dont les uns
s'occuperont de la jurisprudence criminelle; les
autres, de la jurisprudence civile.

Les loix font le boulevard des droits, de l'in-
nocence & de la liberté des Citoyens : mais les
plus sages loix seroient vaines, si on pouvoit les
éluder, les interpréter, & leur faire dire ce
qu'elles ne disentpas: si l'accusé ou l'intimé avoient
à redouter l'ignorance, la partialité ou la corruption des juges. Il importe donc que les loix
soient justes, claires, précises; qu'elles soient
toujours prises à la lettre; que les juges soient
éclairés & integres, & que l'instruction du procès soit publique (1).

C'est sur-tout en matières criminelles, que les

(1) Tout cela fait assez sentir la nécessité absolue de
refondre nos Loix civiles & criminelles, & de réformer
nos Tribunaux. Nous avons différentes Cours de Justice,
les Juges Royaux, les Présidiaux, les Parlemens: on pour
roit tout au plus les conserver pour le civil, mais après
les avoir cassées & recréées, pour qu'elles sentent qu'elles
ne dépendent que de la Nation; mais après avoir proscrit
la vénalité honteuse des charges, aboli le droit d'en disposer, & réglé les formes de la procédure.

fonctions délicates de la Magistrature exigent
un esprit droit, de la sagesse, de l'intégrité, &
qu'il importe deprendre les plus grandes précautions contre l'injustice des jugemens. Que l'accusé
ait donc un Avocat pour le défendre, que les
portes de sa prison soient ouvertes à ses parens,
à ses amis ; qu'on ne le traite pas comme un
malfaiteur avant de l'avoir convaincu de crime,
& que son procès soit instruit à la face des cieux
& de la terre.

Je n'observerai point ici qu'aller voir ses juges
pour les solliciter est une action illicite, dont la
simple preuve légale devroit suffire pour faire
perdre au prévenu son procès : ce seroit antici-
pes sur le code civil. Je n'observerai pas non
plus qu'il est essentiel que le coupable ne puisse
jamais compter sur l'impunité, & que la même
peine doit être infligée à tout délinquant : ce seroit anticiper sur le code criminel.

C'est au sénat national de créer les Tribunaux, & de déterminer les qualifications des
membres, appellez à les remplir. Mais c'est au
Peuple ou plutôt aux municipalités de choisir
entre les Candidats, par voie de suffrages ou par
voie de scrutin. De quelque manière qu'elles le
fassent, que la distinction des rangs soit comptée

pour rien, & que le mérite feul fixe le choix.
De la forte, les Tribunaux feront indépendans
du Prince : car s'il nommoit les juges, ils feroient
à lui infailliblement.

Les Tribunaux civils & criminels ne doivent
pas être fimplement indépendans du Prince, mais
indépendans l'un de l'autre, & tous fubordonnés
au légiflateur : ils doivent donc dépendre du
peuple, ou plutôt du Sénat qui le repréfente; car
c'eft à lui de faire les loix, de les annoncer lorfqu'elles font faites, de les promulguer lorfqu'elles
font fanctionnées, d'en conferver le dépôt, de les
rappeller lorfqu'on les oublie, de les réclamer &
de les venger lorfque les corps chargés de leur
exécution les violent.

Ainfi le Légiflateur doit avoir la force à l'appui de la juftice. Sans cela, il ne feroit bientôt
qu'un vain fantôme. Hé ! de quoi lui ferviroit
de rechercher la conduite des dépofitaires de ces
pouvoirs, s'il ne pouvoit les forcer de refpecter
les loix : il auroit beau vouloir s'oppofer à leurs
attentats, ils pafferoient outre, & le laifferoient
murmurer. Ainfi, le Prince & les Magiftrats n'é-
tant point fubordonnés au Légiflateur ; les pouvoirs exécutif & judiciaire n'auroient aucun rapport au pouvoir légiflatif, les loix ne feroient
qu'un vain mot, l'objet du pacte focial feroit

manqué, & le souverain auroit transigé avec beaucoup d'appareil pour remettre l'Etat à la discrétion de ses Mandataires, où le livrer à l'anarchie.

Le seul moyen de ramener à l'ordre les Corps chargés de l'exécution des loix, est de poursuivre le châtiment de leurs prévarications, de leurs attentats.

Le Prince ne doit être recherché que dans ses Ministres : sa personne sera sacrée (1).

(1) En Angleterre, cette Loi a eu sa source dans quelques préjugés vulgaires, & elle ne doit être motivée que par des raisons d'Etat.

S'il importe que le Prince soit recherché dans la personne de ses Ministres ; c'est de crainte que trop souvent obligé de s'occuper de sa défense, il ne laisse le pouvoir exécutif dans l'inaction : c'est afin que l'Etat ne soit pas exposé à une invasion soudaine, durant l'instruction d'un procès de long cours ; c'est afin qu'un mauvais Roi ne trouve pas facilement des complices de ses attentats.

(2) En Angleterre, lorsque les Ministres ont violé la Loi, la Chambre des Communes les accuse devant celle des Pairs ; mais c'est une farce en politique, que ce recours à la Chambre-Haute, presque toujours vendue au Monarque.

C'est une farce plus ridicule encore que le recours au Prince contre ses Ministres ; ils ne sont censés agir que par ses ordres, & l'on prétend qu'il les désavoue & les punisse.

C'eſt au Légiſlateur que les Miniſtres & les Magiſtrats ſont (2) comptables ; mais ce n'eſt pas le
Légiſlateur qui doit les juger, il ſeroit juge &
partie : il faut donc qu'il y ait dans l'Etat un Tribunal ſuprême, chargé de connoître des attentats
ou des malverſations des Miniſtres, des prévarications des Magiſtrats, de tous les crimes de
léze-Nation, de tous les crimes publics.

C'eſt à ce Tribunal pareillement que les Citoyens léſés ou condamnés injuſtement ſe pour-
voiront en caſſation d'Arrêts contraires aux loix.

Ce Tribunal ne doit connoître d'aucun crime
particulier. Pour avoir la confiance du peuple, il
faut qu'il ſoit compoſé d'hommes éclairés, intè-
gres, ne tenant à la Cour par aucun lien, n'ayant
aucune part à l'adminiſtration ; il faut que le peuple les nomme par la voix de ſes Electeurs, & qu'il
les ait continuellement ſous les yeux.

Les loix, faites pour couvrir de leur égide tu-
télaire tous ceux qui vivent ſous leur empire, ne
mettent pas toujours le foible à couvert des entrepriſes du fort, rarement même puniſſent-elles les
outrages de ceux qui ſont chargés de les faire reſpecter.

Souvent les atteintes portées aux loix par leurs
Miniſtres ſe font dans les ténèbres ; ſouvent auſſi
elles tombent ſur des infortunés qui ſe laiſſent

intimider par leurs oppreſſeurs, qui ſont privés de tout appui ou qui ſe trouvent détenus en priſon.

Lorſqu'ils ne peuvent faire entendre leur voix, il faut que le Légiſlateur ménage à l'homme généreux & courageux un moyen ſûr & prompt de rendre leurs plaintes publiques. Ainſi, quand la liberté de la préſſe ne ſeroit pas un droit de tout Citoyen, elle devroit être établie par un décret particulier : ſeulement pour prévenir la licence, toute dénonciation ſera ſignée par ſon Auteur.

Ainſi les loix qui proſcrivent les cours de Judicature qui n'auroient pas été érigées par la Nation, qui règlent l'indépendance réciproque du Gouvernement & des Tribunaux, de même que leur dépendance reſpective du Légiſlateur, qui déterminent la manière de rechercher, de juger & de punir les délits publics, doivent être des loix fondamentales du Royaume.

Des forces de l'Etat.

Pour ſe maintenir, l'Etat doit ſe défendre. En bute aux entrepriſes de voiſins ou d'ennemis ambitieux, il a beſoin de forces capables de les repouſſer.

Les forces qu'il peut entretenir, ſans ſe ruiner,

ont un rapport conſtant avec ſon étendue, ſa ri-
cheſſe, ſa population ; car plus il eſt puiſſant,
moins on cherche à l'attaquer.

La France, par ſon ſite, ſes barrières naturelles, l'étendue & la fertilité de ſon ſol, le nombre & le courage de ſes habitans, ſes alliances &
le ſyſtême politique des peuples qui l'environ-
nent, eſt dans la poſition rare & heureuſe de n'a-
voir rien à craindre de ſes voiſins, ni de ſes ennemis ; tant qu'elle ne les provoquera point, tant
qu'elle n'aura point de projets ambitieux. Et puiſ-
que les troupes réglées ſont toujours l'inſtrument
dont les Princes ſe ſervent pour enchaîner & écra-
ſer les Peuples, il lui importe ſouverainement de
les réduire le plus qu'il ſera poſſible, ſans toutefois expoſer la ſûreté de l'Etat. Quelle renonce
donc à la fureur des conquêtes, qui a toujours
fait le malheur des Nations & le ſien : A-t-elle
jamais acquis une nouvelle Province qu'aux dé-
pends des anciennes ? Qu'au-lieu d'étendre le
Royaume, le Gouvernement s'applique donc enfin à le faire fleurir.

Ce plan de conduite adopté permettroit de réduire l'armée à 60,000 hommes, nombre plus
que ſuffiſant pour garder les frontières. A ce corps
de troupes réglées, on joindroit au beſoin 100,000
hommes de Milice Nationale, deſtinée à la garde

de la' campagne & des villes, exercée & Fêtes
& Dimanches au maniment des armes, aux évo-
lutions militaires, & organifée d'une manière peû
difpendieufe (1). Un tiers de la paye du foldat
fuffiroit en temps de paix pour engager le pay-
fan & l'artifan à s'y enrôler. A l'égard du bour-
geois riche ou aifé, une fimple marque d'honneur produiroit le même effet.

---

(1) Il faut bien fe donner de garde d'imiter le régime
de la Milice Parifienne foldée; régime fi ruineux, que
les revenus réunis de la Pruffe & de la Suède, fuffiroient
à peine pour entreteñir fur ce pied deux cens mille hommes. Les appointemens de l'Etat-Major fur-tout, ont été
portés fi haut, que les perfonnes judicieufes font un peu
fcandalifées de l'efprit d'économie qui anime le Comité
Militaire. Si ce Comité eût été compofé d'Afpirans lors
de la rédaction du travail, on auroit pu croire que ces
bons Patriotes ne s'étoient pas oubliés. Mais à la fomme
exorbitante que fes Membres ont offerte à M. de la
Fayette, pour fes appointemens de Général, il eft évident
que ces Meffieurs ne calculent rien, qu'ils s'abandonnent
à leur beau zèle pour faire les honneurs de la bourfe de
leurs Concitoyens, fans réfléchir un inftant à la profonde
mifère du Peuple.

Au demeurant, j'ai tort, fans doute d'être peu édifié
de la manière dont on ménage par-tout les intérêts du
pauvre Peuple. Qui le fait? Peut-être les Membres du
Comité ont-ils, comme Midas, le don de convertir en
or tout ce qu'ils touchent.

L'exécution de ce plan offre à l'Etat le quadruple avantage d'acquérir 140,000 citoyens utiles perdus pour lui, d'épargner les sommes im-
menses que coûte leur entretien, d'avoir toujours
pour sa défense une armée de vrais Citoyens, d'affurer à jamais la liberté publique, & de diminuer
confidérablement le poids des impôts.

Telles devroient être les forces de terre : celles
de mer devroient confifter en une flotte affez nom-
breufe pour défendre nos côtes, nos ifles & protéger notre commerce.

Le Roi, Commandant général de l'armée & de
la flotte, aura la prérogative de les organifer de
la manière qu'il croira la plus avantageufe au
bien public, & de nommer à tous les emplois
militaires.

Quant à la Milice Nationale, elle ne fera jamais que fous les ordres des Officiers dont elle
aura fait choix.

Le Roi n'aura le pouvoir de faire conftruire
aucune fortereffe, aucune place, aucun port, fans
le confentement de l'Affemblée nationale. Il ne
fera élever aucun fort dans l'intérieur du Royaume.
Et quant aux places fortifiées déjà conftruites qu'il
fera réparer, les Municipalités auront droit de
faire détruire la partie des fortifications qui do-
mine les villes, & d'où on peut les canonner
& les bombarder.   Les

Les magafins & moulins à poudre feront fous la direction de la Municipalité de la Capitale, qui fournira les autres Municipalités du Royaume fur des mandats fignés de tous leurs Officiers; & les troupes réglées fur des mandats du Miniftre de la guerre & du Miniftre de la Marine.

Des revenus de l'Etat.

L'argent n'eft pas moins néceffaire à la défenfe de l'Etat, que les forces de terre & de mer. Sans lui, le Corps politique n'auroit ni action, ni vie.

Ce revenu eft formé de ce que chaque Citoyen paye à l'Etat pour fubvenir aux frais du Gouvernement, aux dépenfes Nationales.

Il eft raifonnable, il eft jufte que tous les fujets fupportent leur part des charges publiques ; c'eft le prix de la fûreté de leur perfonne, de leur liberté, de leur honneur, de leur fortune ; le prix en un mot de tous les avantages qu'ils retirent du pacte focial. Ainfi chaque individu privilégié eft un monftre dans l'ordre politique, à moins qu'il ne rende à l'Etat, en fervices gratuits l'équivalent de ce qu'il lui doit en contributions directes.

Que la claffe des contribuables comprenne tous les Citoyens indiftinctement, à l'exception du

D

Prince, & que chacun contribue proportionnellement à sa fortune.

Celui qui n'a que le néceſſaire phyſique, ne
pouvant rien en retrancher, ne doit rien à l'Etat,
ou plutôt la contribution qu'il lui paye, ſe réduit
aux droits levés ſur les objets qu'il conſomme.
Ce n'eſt donc que ſur le ſuperflu des Citoyens que
l'on peut aſſeoir directement des impôts.

Les impôts doivent porter ſur trois objets diſ-
tincts, ſur les productions de la nature, ſur les
productions de l'art, ſur les perſonnes; ils doivent donc être aſſis ſur les terres, ſur les maiſons
& les marchandiſes, ſur les têtes.

Les terres doivent payer proportionnellement
à leur rapport: ce qui ſuppoſe un cadaſtre où elles
ſoient diſtinguées par leur qualité.

Les maiſons doivent payer proportionnellement
à leur commodité, à leur agrément, à leur magni-
ficence, & à leurs acceſſoires; tels que cours,
terraſſes, parterres, jardins, parcs, cabinets de
curioſités, galeries de tableaux, &c. : ce qui ſuppoſe un autre cadaſtre.

Les marchandiſes doivent payer proportionnellement à leur moindre utilité : ce qui ſuppoſe
un tarif où les choſes de première néceſſité ſoient
légèrement impoſées, où les choſes moins in-

C

dispensables le soient davantage, & où les choses
de fantaisie, de luxe, de faste, soient très-char-
gées.

Les personnes doivent payer proportionnellement à leurs rentes ou pensions, à leur mobilier,
à l'état qu'elles tiennent : ce qui suppose un autre
tarif.

Diverses causes accidentelles peuvent faire
qu'une terre de grand produit rapporte fort peu
ou ne rapporte rien, tandis qu'une terre de petit
produit rapporte beaucoup. Pour assurer le revenu
de l'Etat sans fouler les malheureux, les terres
doivent être imposées par Provinces & par districts : ce sera aux Etats Provinciaux à répartir
la quotité de chaque District, & aux Communautés des Districts à répartir la quotité de chaque Propriétaire, proportionnellement au produit des terres.

Il y a telle année où non-seulement un Propriétaire ne doit rien payer : mais où la Commune doit venir à son secours : c'est le cas de
ceux dont les récoltes ont été ravagées par les
orages & les torrens débordés, ou ruinées par
l'intempérie des saisons.

Les marchandises importées, objet du commerce extérieur, ne doivent payer qu'aux fron-

tières où feront établies les douanes. Les marchandifes , objet du commerce intérieur doivent payer; les unes par les mains du manufacturier , lors de la livraifon ; les autres par les mains du confommateur : mais ces derniers droits rentrent dans ceux fur les perfonnes.

Tout domeftique , manœuvre, ouvrier, &] artifan fans ouvrier, ne payera aucune capitation.

Tout artifan , artifte & marchand payera une capitation proportionnelle au nombre de fes ouvriers , à l'étendue de fon commerce , à la grandeur de fes gains.

Tout rentier payera une capitation proportionnelle au train de fa maifon. Un feul domeftique fera impofé légèrement , deux domeftiques payeront le quadruple ; trois l'octuple , & ainfi proportionnellement.

Un cheval payera un impôt modéré ; deux chevaux payeront le quadruple ; trois l'octuple , &c. Une voiture de voyage payera un impôt modéré. Une voiture de ville , un impôt double. Un cabriolet , un impôt quadruple. Deux voitures payeront le quadruple d'une feule de même efpèce, trois voitures l'octuple , &c. Cette partie de légiflation , qui a trait aux Finances , demande des détails infinis , & dans un plan de Conftitution , on ne peut indiquer que des rapports généraux.

La perception des impôts doit se faire de la manière la plus simple, la moins dispendieuse. Les Receveurs-Généraux seront nommés par les Etats Provinciaux, les Receveurs particuliers par les districts : le choix ne tombera que sur des Citoyens aisés & intacts, ayant bons répondans ; leurs honoraires seront très modiques : mais une marque d'honneur particulière qui leur sera accordée au bout d'un certain temps deviendra la récompense de leurs services.

La dette publique une fois éteinte, les impôts seront réduits, & la masse en sera fixée sur les vrais besoins de l'Etat : car on ne doit lever sur le Peuple que ce qui est réellement nécessaire à la chose publique.

Crainte que de prétendus besoins de l'Etat ne fournissent au Ministère le prétexte de dissiper les deniers publics, on accordera annuellement au Monarque une somme fixe pour l'entretien de sa maison, de sa famille, & le soutien de la majesté du trône.

La garde du Trésor public sera confiée à deux Trésoriers nommés par l'Assemblée Nationale, sous valable cautionnement ; ils justifieront des sommes reçues & payées ; s'engageront, sous la foi du serment à n'escompter aucun effet, à ne faire aucune spéculation pour leur compte, à ne prendre

D 3

aucun intérêt dans les affaires pécuniaires : &
toute opération de Finance faite avec eux, sera
déclarée nulle.

Pour accepter cette place, il faut de la vertu :
& j'ose espérer qu'il se trouvera des hommes pour
la remplir : de brillantes marques d'honneur seront le prix de leurs services.

Les Ministres n'auront aucun maniement des
deniers publics ; & toutes les dépenses du Gouvernement seront payées au Trésor National sur
les Bons de chaque Ministre, visés dans différens
Bureaux de leurs départemens respectifs. Il en sera
de même des autres Administrateurs de l'Etat.

Enfin, pour couper la racine à toutes les spé-
culations odieuses qui se font sur les domaines de
la Couronne, & tirer parti de cette branche de
richesses Nationales, il sera réduit aux châteaux,
maisons de plaisance, jardins, parcs royaux &
capitaineries de chasse conservées, dont le Monarque seul ordonnera l'administration. Tout le
reste sera vendu au profit de l'Etat, & le produit
des ventes sera appliqué à l'extinction d'une partie de la dette publique.

Des Municipalités.

Dans un Gouvernement bien ordonné, il faut
des Magistratures particulières, pour la police

intérieure de l'Etat & l'approvisionnement des villes.

Ces Magistratures exigent des connoissances très-différentes, elles n'ont même rien de commun : il importe donc de les séparer, & d'en revêtir deux Tribunaux, dont l'un sera chargé du soin de faire approvisionner les marchés, de l'inspection des comestibles exposés en vente, de la taxe des choses de première nécessité, de la vérification des poids & mesures; l'autre du soin de s'assurer des infracteurs de la loi & des perturbateurs du repos public, d'appaiser les émeutes, de concilier les petits différends des Citoyens, & de veiller à la propreté des rues & des maisons.

De pareilles Magistratures ne peuvent être que Municipales; c'est donc aux Citoyens de nommer ceux d'entr'eux qui méritent (1) d'en être revêtus.

_____

(1) Il importe aux Citoyens d'être très-circonspects dans leurs nominations, & de ne faire tomber leur choix que sur des hommes dont les principes soient bien connus, & doit le zèle patriotique soit désintéressé. On dit que dans la plupart des Comités de Districts, les Avocats & les Procureurs cherchent à s'emparer des suffrages. La cruelle aristocratie que celle dont les Membres n'ont d'autre métier que de bavarder éternellement, d'embrouiller les affaires à force de subtilités, & de vivre des artifices

Les connoiſſances qu'elles exigent ſont relatives aux Loix criminelles, & à l'adminiſtration
économique. Il eſt important que les Candidats
ſoient qualifiés : mais ſi leurs connoiſſances doivent entrer pour beaucoup dans leur choix, la pro-
bité ſeule doit le fixer.

Chacun de ces Tribunaux, compoſé d'un nombre de Membres égal à celui des diſtricts de chaque
ville, élira ſon Préſident par voie de ſuffrages.

Celui de la police ſiégera une fois chaque huit
jours, plus ſouvent ſi les circonſtances le requiè-
rent ; & chacun de ſes Membres remplira, dans
ſon Diſtrict, les fonctions de Commiſſaire de quar-
tier, rendant la Juſtice en public.

Celui des ſubſiſtances ſiégera chaque jour ; il
s'aſſurera de l'approviſionnement de grains pour
l'année ; mais il n'arrêtera aucun marché avec
les approviſionneurs, ſans avoir préalablement

---

de la chicane, des fureurs de la diſcorde ! Combien plus redoutable encore ſeroit l'ariſtocratie de
ces Patriotes qui conſervent ſous les drapeaux de la Patrie, les penſions qu'ils tiennent du Prince ; & celles de
ces Juges ſerviles, vendus à la faveur, ou de ces Juges
ſuperbes, dévorés d'ambition ! On auroit dû apprécier
leur zèle. Se peut-il qu'on leur ait confié les intérêts du
Peuple !

provoqué un concours public, & fans en publier les conditions dans un compte qu'il rendra avant de le conclure.

Les fonctions du dernier doivent être annuelles : les fonctions du premier peuvent être à vie.

Dans les bourgs & les villages où les affaires font peu nombreufes, un feul Citoyen élu par la Commune, peut exercer à-la-fois ces doubles fonctions.

Des Miniftres de la Religion.

Tous les Peuples de la terre ont une Religion, lien fubtil que leurs chefs ont tiffu pour les en-chaîner.

C'eft du ciel que chaque Religion prétend tirer fon origine ; & fans doute le Chriftianifme a des titres dont aucune autre ne peut fe glorifier : mais comme fes Apôtres établiffent fa vérité fur des preuves qui ne font point du reffort de la raifon, l'homme raifonnable n'eft point obligé de s'y rendre : heureux celui qui a reçu la foi, qui s'applique fes douces confolations, & qui a le courage de fe dévouer à la mifère dans cette vie, pour jouir de la béatitude dans la vie à venir !

La liberté religieufe eft de droit civil, & nul

Citoyen ne doit être recherché que pour avoir troublé un culte établi.

La société doit tolérer toutes les Religions, excepté celles qui la sappent.

En prêchant l'obéissance aveugle, le Christianisme ne tend qu'à faire des esclaves ; il attaque le pacte social, & détruit le corps politique ; ses Apôtres doivent donc avoir le bon sens de ne jamais toucher à ce point, si même le législateur ne leur en impose l'obligation.

La Religion Chrétienne n'est point liée au système social : mais ses Ministres sont dans la société ; ils en sont membres ; ils sont très-nombreux ; & d'autant plus nombreux qu'ils ont trouvé le secret de s'ériger en hiérarchie sacrée, de s'attirer les respects par une vaine pompe, de se faire de la crédulité des peuples un riche patrimoine ; de vivre dans l'oisiveté, l'abondance, les plaisirs, & de consommer le bien des pauvres au sein du faste & des délices.

Le voile est déchiré ; au flambeau de la raison se sont dissipées les ténèbres mystiques dont ils s'étoient environnés, leur conduite a achevé de détruire l'illusion, & aujourd'hui l'œil profane du vulgaire les voit tels qu'ils sont. A l'approche de leur chûte, la prudence leur fesoit un devoir de la sainteté : mais au-lieu de chercher à regagner la vénération des peuples, par leur affiduité au pied des Autels, par une vie édifiante, par des mœurs auftères ; ils effayent encore de cacher leur tête dans le ciel, & ils n'ont pas honte de *réclamer les dignités de l'Eglife, comme un état qu'ils ont embraffé fous la foi du Gouvernement, & les revenus immenfes de leurs bénéfices comme un moyen de fubfifter.*

Le moment eft enfin venu de faire ceffer cet affreux fcandale, de rappeller le haut Clergé à l'efprit de fon inftitution, d'acquitter fa dette, & de rendre aux pauvres (1) leurs biens, qu'il diffipe fi honteufement.

Les Prélats, comme les autres Prêtres, font les Difciples de Jefus ; ils doivent aux Fidèles l'exemple des vertus qu'ils leur prêchent, l'exemple de l'amour du travail, de la frugalité, de la pauvreté, du renoncement au monde, de la douceur, de la patience, de la réfignation : &, s'il eft jufte qu'ils vivent de l'Autel, ils ne peuvent prétendre qu'au fimple néceffaire. Réforme de la hiérarchie eccléfiaftique, fuppreffion de toutes (1)

---

(1) Cette heureufe réforme auroit pu s'effectuer fans commotion & en quelques heures, le lendemain de la prife de la Baftille. Le moment étoit précieux ; mais il n'eft pas perdu fans retour.

(1) Aux Officiers près qui difpofent des revenus de

les Communautés religieuses, & de tous les bénéfices sans service personnel ; rappel des Prélats,
des Abbés Commendataires, des gros Bénéficiers,
aux fonctions respectables de Curés, abolition
totale de la simonie, traitement honnête fait par
l'Etat aux Ministres de la Religion : voilà ce que
la sagesse & la Justice commandent impérieuse-
ment : voilà ce que la Nation attend de ses
Députés (2).

_____

la Communauté, il n'y a pas un Religieux qui ne fût
enchanté de rentrer dans le monde, si on lui faisoit une
pension de douze cens livres, même à la charge de se
rendre utile à l'Etat.

(2) J'abhorre la licence, le désordre, les violences,
le dérèglement ; mais, quand je pense qu'il y a actuellement, dans le Royaume, quinze millions d'hommes
qui languissent de misère, qui sont prêts à périr de faim ;
quand je pense qu'après les avoir réduits à ce sort affreux, le Gouvernement les abandonne sans pitié, traite
en scélérats ceux qui s'attroupent, & les poursuit comme
des bêtes féroces : quand je pense que les Municipalités
ne leur présentent un morceau de pain que dans la crainte
d'en être dévorées ; quand je pense qu'aucune voix de
s'est élevée en leur faveur, ni dans les cercles, ni dans
les Districts, ni dans les Communes, ni dans l'Assemblée
Nationale ; mon cœur se serre de douleur, & se révolte
d'indignation. Je connois tous les dangers auxquels je
m'expose en plaidant avec feu la cause de ces infortunés ;
mais la crainte n'arrêtera pas ma plume : j'ai renoncé

Les Miniſtres de la Réligion ne formant pas un ordre ſéparé dans l'Etat, mais une claſſe de Citoyens dévoués au ſervice de l'Egliſe, n'ont le droit de former des aſſemblées particulières que pour régler quelque point de diſcipline.

C'eſt aux fidèles & aux fidèles ſeuls de nommer leurs Paſteurs, comme c'eſt à la Nation ſeule de nommer ſes Miniſtres; & qui prétendroit mieux juger & des lumières & de la vertu des aſpirans? Sous quelque dénomination que s'annoncent les Miniſtres dés Autels, qu'ils ſoient choiſis dans chaque Paroiſſe par les ſuffrages des Paroiſſiens. C'étoit la pratique conſtante de la primitive Egliſe, & c'eſt le vœu de la raiſon.

Des devoirs du Citoyen.

Nous venons de parler des droits du Citoyen; parlons de ſes devoirs.

Dans l'état de nature, l'homme n'a point de devoirs à remplir; uniquement mû par ſes beſoins, il ſe livre à ſes appétits & s'abandonne à ſes penchans.

Dans l'état de ſociété, c'eſt autre choſe. Le

---

plus d'une fois au ſoin de mes jours, pour ſervir la Patrie, pour venger l'humanité; je verſerai, s'il le faut, juſqu'à la dernière goutte de mon ſang. ___

pacte social est un engagement réciproque entre
tous les membres de l'Etat : s'il veut que les
autres respectent ses droits, il doit respecter les
leurs à son tour. Le pacte social est un engagement réciproque entre la société & chacun de
ses membres; s'il veut qu'elle lui accorde secours
& protection, il doit concourir à maintenir l'ordre qu'elle a établi.

Ainsi tout Citoyen doit respect au Souverain,
obéissance aux loix, révérence au Prince & aux
Magistrats, tribut à l'Etat, secours aux nécessi-
teux, aide aux opprimés, bienveillance à ses
compatriotes & dévouement à la Patrie.

Résumé.

J'ai fait connoître les droits de l'homme, l'o-
rigine des sociétés, la nature du pacte social ;
j'ai développé les droits & les devoirs du Citoyen ; j'ai esquissé le plan d'une Constitution
juste & sage ; j'ai tracé la seule forme du Gouvernement Monarchique qui puisse convenir à
une grande Nation, instruite de ses droits &
jalouse de sa liberté.

Cette Constitution exige, sans doute, de grandes réformes dans le Gouvernement actuel : réformes inévitables qu'improuveront les créatures
de la Cour, les frippons, les intriguans, les am-

bitieux, les hommes timides ou prévenus. Les
derniers feuls méritent d'être éclairés. « Nous n'a-
» bandonnerons jamais nos droits, difent-ils (1);
» mais nous faurons ne pas les exagèrer : nous
» n'oublierons point que les François ne font
» pas un Peuple nouveau, forti récemment du
» fond des forêts pour former une affociation ;
» mais une grande fociété d'hommes qui veut
» refferrer les liens qui unifent toutes fes par-
» ties, qui veut régénérer le Royaume, & pour
» qui les principes de la véritable Monarchie
» feront toujours facrés. » Qu'entendent-ils par
ce mots vagues obfcurs & captieux ? Que les
vrais principes de la Monarchie confiftent à laiffer
à la Couronne les prérogatives dangereufes qu'elle
a ufurpées, & qui ont fait notre malheur pendant quinze fiècles ? Mais, tant qu'elle fera en
poffeffion, quel efpoir de régénérer l'Empire ?
Leurs triftes difcours pouvoient paroître excufa-
bles dans la bouche d'un Orateur, tremblant à
l'afpect des nombreufes légions de meurtriers qui
n'aguere bloquoient la Capitale, & des terribles
apprêts qui menaçoient fes paifibles habitans. Mais
aujourd'hui que nous ne fommes plus fous le joug,

(1) Voyez le projet de Conftitution du Comité de Rédaction, publié par M. Mounier.

aujourd'hui que l'affreux complot de livrer nos maifons au pillage, pour prix de l'obéiffance aveugle d'une foldatefque féroce qui devoit nous affervir, nous a forcé de rompre nos fers ; aujourd'hui que nous avons recouvré nos droits les armes à la main, qui pourroit nous empêcher d'en jouir dans toute leur plénitude ? Graces au ciel, nous ne fommes *plus un Peuple nouveau, forti récemment du fond des forêts pour former une affociation...* Nous fommes une Nation éclairée, puiffante, redoutable, qui veut fe donner un Gouvernement propre à faire à jamais fon bonheur. Quel témeraire ou plutôt quel infenfé nous en conteftera le droit ? Effayera-t-on de faire prévaloir un ftupide refpect pour les établiffemens de nos pères, pour les ufages antiques du Royaume ? Quoi ! nous ferions liés par des pratiques barbares. Mais le pouvoir qu'avoient nos ayeux, pour faire certaines loix, nous l'avons pour les annuler ; le pouvoir qu'ils avoient pour fonder un Gouvernement, nous l'avons pour le perfectionner, le modifier, le refondre. Et pourquoi nous amuferions nous à reffacer un édifice qui menace de nous écrafer de fa chute, & de nous enfévelir fous fes ruines, lorfque nous pouvons le reconftruire à nœuf? Ce n'eft donc plus aux réformes énoncées dans leurs cahiers, que

nos

nos Députés doivent borner leur travail ; c'est d'après le vœu général de la Nation, c'est d'après la position où elle se trouve actuellement.

Lors de la convocation des Etats-Généraux, nos lumières étoient bornées ; dès-lors elles se sont développées, étendues & perfectionnées : aujourd'hui nous connoiffons la plénitude de nos droits, & nous voulons en faire ufage pour extirper tous les vices du Gouvenement, & lui donner la meilleure forme possible. La Nation fait que la puiffance suprême lui appartient, que le pouvoir légiflatif qu'elle a confié à fes repréfentans eft borné, qu'elle feule a le droit de revifer leur travail, & de fanctionner les loix qu'ils auront faites, que le Monarque n'est que fon premier Miniftre, que les défordres de l'adminiftration, n'ayant d'autre fource que la prétendue indépendance du Gouvernement, le feul moyen de l'empêcher d'abufer de l'autorité, eft de lui donner des barrières infurmontables, de rappeller au Prince à chaque inftant qu'il dépend des Peuples, & de le mettre dans l'heureufe impuiffance de jamais rien entreprendre contre fes devoirs. Tel eft le vœu actuel de la Nation, fa réfolution inébranlable. Que les ennemis de la Patrie perdent donc l'efpoir d'empêcher que la révolution ne foit confommée. Tous les obftacles

E

sont levés, les préjugés setaisent devant les loix de l'éternelle vérité, le torrent débordé de la puissance est rentré dans son lit; le Prince renonçant aux prétentions odieuses du pouvoir absolu, s'abandonne à la Nation, sent qu'il ne peut rien contr'elle, & qu'il n'est rien sans elle; toutes les classes de Citoyens se sont réunies, les barrières de l'orgueil se sont abattues, nobles & prélats s'empressent de se montrer Citoyens, les ennemis du bien public, eux-mêmes sont forcés de se couvrir du masque du patriotisme. Jamais circonstance plus favorable pour assoir la liberté publique sur ses vrais fondemens, & lui donner une base inébranlable! La Nation attend de ses Députés, qu'ils la saisiront avec ardeur pour travailler comme ils le doivent à la Constitution; seul moyen de tarir la source de nos misères, de rappeller le crédit public, de ranimer l'industrie, d'encourager les arts, de faire fleurir le Commerce, de procurer un prompt soulagement à la classe innombrable des infortunés, & de sauver l'Etat.

S'ils négligeoient de répondre à ses vœux, de remplir son attente, elle leur demanderoit compte de cet abus de confiance, & ne verroit en eux que ses plus cruels ennemis : les générations futures confirmeroient le jugement de la

génération préfente ; & la renommée, les accu-
fant dignorance ou de vénalité, flétriroit à jamais leur mémoire, au lieu d'infcrire leurs noms
au temple de l'immortalité.

F I N.

www.ingramcontent.com/pod-product-compliance
Lightning Source LLC
Chambersburg PA
CBHW070809210326
41520CB00011B/1878